50 Recetas de Brunch Dulces y Salados

Por: Kelly Johnson

Table of Contents

- Tortilla española
- Panqueques de arándanos
- Huevos benedictinos
- Tostadas francesas
- Quiche de espinacas y queso
- Waffles con frutas frescas
- Ensalada de aguacate y tomate
- Bagels con salmón ahumado
- Muffins de plátano y nueces
- Croissants rellenos de jamón y queso
- Smoothie bowl de frutas
- Huevos revueltos con espinacas
- Sándwich de pollo y aguacate
- Crepes de Nutella y fresas
- Ensalada de quinoa y vegetales
- Chilaquiles verdes
- Tartaletas de frutas

- Sopa fría de gazpacho
- Empanadas de carne
- Yogur con granola y miel
- Tostadas con aguacate y huevo poché
- Pan de plátano casero
- Huevos al horno con verduras
- Batido de mango y coco
- Pizza de desayuno con huevo y tocino
- Croquetas de jamón
- Ensalada caprese
- Tortitas de maíz con queso fresco
- Bizcocho de limón
- Sándwich de pavo y queso crema
- Omelette de champiñones
- Pancakes de avena y plátano
- Rollitos de salmón y queso crema
- Frittata de verduras
- Pastelitos de manzana
- Burritos de desayuno

- Ensalada César con pollo
- Panecillos con mermelada
- Huevos rancheros
- Tartas saladas de espinaca y ricota
- Smoothie verde detox
- Scones con mantequilla y mermelada
- Sándwich de huevo y aguacate
- Tarta de queso con frutos rojos
- Bagels con huevo y tocino
- Ensalada de frutas tropicales
- Tostadas de ricotta y miel
- Tortilla de patatas con chorizo
- Crepes salados de jamón y queso
- Muffins de arándanos

Tortilla Española

Ingredientes:

- 4 papas medianas, peladas y en rodajas finas
- 1 cebolla mediana, picada
- 6 huevos
- Aceite de oliva
- Sal al gusto

Instrucciones:

1. Calienta abundante aceite en una sartén y fríe las papas y cebolla a fuego medio hasta que estén tiernas. Escurre el exceso de aceite.
2. En un bol, bate los huevos con sal.
3. Añade las papas y cebolla al huevo y mezcla bien.
4. Calienta un poco de aceite en una sartén, vierte la mezcla y cocina a fuego medio-bajo.
5. Cuando esté casi cuajada, da vuelta la tortilla con ayuda de un plato y cocina el otro lado hasta que esté dorada y firme.

Panqueques de Arándanos

Ingredientes:

- 1 ½ taza de harina de trigo
- 1 cucharada de azúcar
- 1 cucharadita de polvo de hornear
- 1 huevo
- 1 ¼ taza de leche
- 2 cucharadas de mantequilla derretida
- ½ taza de arándanos frescos

Instrucciones:

1. Mezcla harina, azúcar y polvo de hornear.
2. En otro bol, bate huevo, leche y mantequilla.
3. Combina ambas mezclas hasta integrar (no batir en exceso).
4. Añade arándanos y mezcla suavemente.
5. Cocina porciones en sartén caliente con un poco de mantequilla, voltea cuando veas burbujas.

Huevos Benedictinos

Ingredientes:

- 4 muffins ingleses partidos a la mitad
- 8 huevos
- 4 lonchas de jamón o tocino canadiense
- Salsa holandesa (ver nota)

Instrucciones:

1. Tuesta los muffins y calienta el jamón o tocino.
2. Cocina los huevos pochados: rompe un huevo en agua casi hirviendo con vinagre, cocina 3 minutos y saca con espumadera.
3. Arma colocando jamón sobre el muffin, el huevo pochado y baña con salsa holandesa.

Nota para salsa holandesa: **bate 3 yemas con jugo de limón, agrega mantequilla derretida poco a poco a baño maría hasta espesar, salpimenta.**

Tostadas Francesas
Ingredientes:

- 4 rebanadas de pan grueso
- 2 huevos
- ½ taza de leche
- 1 cucharadita de extracto de vainilla
- Mantequilla para freír
- Azúcar y canela (opcional)

Instrucciones:

1. Mezcla huevos, leche y vainilla.
2. Sumerge el pan en la mezcla hasta empapar.
3. Fríe en sartén con mantequilla hasta dorar ambos lados.
4. Sirve con azúcar, canela, miel o frutas frescas.

Quiche de Espinacas y Queso

Ingredientes:

- Masa para quiche o masa quebrada
- 200 g de espinacas frescas
- 150 g de queso rallado (gruyère o mozzarella)
- 3 huevos
- 1 taza de crema de leche
- Sal, pimienta y nuez moscada

Instrucciones:

1. Prehornea la masa en molde para quiche.
2. Saltea las espinacas hasta que reduzcan.
3. En un bol, mezcla huevos, crema, sal, pimienta y nuez moscada.
4. Añade las espinacas y queso a la mezcla y vierte sobre la masa.
5. Hornea a 180 °C por 30-35 minutos hasta cuajar.

Waffles con Frutas Frescas

Ingredientes:

- 2 tazas de harina
- 2 cucharadas de azúcar
- 1 cucharada de polvo de hornear
- 2 huevos
- 1 ¾ taza de leche
- ½ taza de mantequilla derretida
- Frutas frescas al gusto (fresas, plátano, arándanos)

Instrucciones:

1. Mezcla harina, azúcar y polvo de hornear.
2. En otro bol bate huevos, leche y mantequilla.
3. Combina las mezclas hasta integrar.
4. Cocina en waflera caliente hasta dorar.
5. Sirve con frutas frescas y miel o sirope.

Ensalada de Aguacate y Tomate

Ingredientes:

- 2 aguacates maduros en cubos
- 3 tomates maduros en cubos
- ½ cebolla morada picada
- Jugo de 1 limón
- Aceite de oliva
- Sal y pimienta

Instrucciones:

1. Mezcla aguacate, tomate y cebolla en un bol.
2. Añade jugo de limón, aceite, sal y pimienta al gusto.
3. Mezcla suavemente y sirve fresca.

Bagels con Salmón Ahumado
Ingredientes:

- 2 bagels cortados por la mitad
- 100 g de queso crema
- 100 g de salmón ahumado
- Rodajas de pepino
- Alcaparras (opcional)

Instrucciones:

1. Tuesta ligeramente los bagels.
2. Unta queso crema en ambas mitades.
3. Coloca salmón, pepino y alcaparras al gusto.
4. Cierra y disfruta.

Muffins de Plátano y Nueces

Ingredientes:

- 3 plátanos maduros machacados
- 1 huevo
- 1 taza de azúcar
- 1 ½ tazas de harina
- 1 cucharadita de polvo de hornear
- ½ taza de nueces picadas
- ½ taza de mantequilla derretida

Instrucciones:

1. Precalienta el horno a 180 °C.
2. Mezcla plátanos, huevo, azúcar y mantequilla.
3. Añade harina, polvo de hornear y mezcla.
4. Incorpora las nueces.
5. Vierte en moldes para muffins y hornea 20-25 minutos.

Croissants Rellenos de Jamón y Queso

Ingredientes:

- 4 croissants frescos
- 150 g de jamón cocido en lonchas
- 150 g de queso (tipo suizo, mozzarella o gouda) en lonchas
- Mantequilla para dorar

Instrucciones:

1. Precalienta el horno a 180 °C.
2. Abre los croissants por la mitad sin separarlos completamente.
3. Rellena con jamón y queso.
4. Cierra y unta un poco de mantequilla por fuera.
5. Hornea 10-12 minutos hasta que el queso se derrita y los croissants estén dorados.

Smoothie Bowl de Frutas

Ingredientes:

- 1 plátano congelado
- 1 taza de frutas mixtas congeladas (fresas, arándanos, mango)
- ½ taza de yogur natural o griego
- Toppings: granola, semillas, frutas frescas, coco rallado

Instrucciones:

1. Licúa plátano, frutas y yogur hasta obtener una mezcla espesa y cremosa.
2. Vierte en un bowl y decora con tus toppings favoritos.

Huevos Revueltos con Espinacas

Ingredientes:

- 4 huevos
- 1 taza de espinacas frescas
- Sal y pimienta
- Aceite o mantequilla

Instrucciones:

1. Calienta aceite o mantequilla en sartén.
2. Añade las espinacas y saltea hasta que reduzcan.
3. Bate los huevos con sal y pimienta, agrégalos a la sartén.
4. Cocina revolviendo suavemente hasta que estén cocidos pero cremosos.

Sándwich de Pollo y Aguacate

Ingredientes:

- 2 rebanadas de pan integral
- 100 g de pechuga de pollo cocida y desmenuzada
- ½ aguacate maduro en rodajas
- Lechuga y tomate
- Mayonesa o mostaza

Instrucciones:

1. Unta mayonesa o mostaza en las rebanadas de pan.
2. Coloca pollo, aguacate, lechuga y tomate.
3. Cierra el sándwich y sirve.

Crepes de Nutella y Fresas

Ingredientes:

- 1 taza de harina
- 2 huevos
- 1 taza de leche
- 1 cucharada de azúcar
- Nutella
- Fresas frescas en rodajas

Instrucciones:

1. Mezcla harina, huevos, leche y azúcar hasta obtener una masa líquida sin grumos.
2. Cocina crepes finos en sartén antiadherente.
3. Rellena con Nutella y fresas, dobla o enrolla y sirve.

Ensalada de Quinoa y Vegetales

Ingredientes:

- 1 taza de quinoa cocida
- 1 pepino picado
- 1 tomate picado
- ½ cebolla morada picada
- Jugo de limón
- Aceite de oliva
- Sal y pimienta

Instrucciones:

1. En un bol mezcla quinoa, pepino, tomate y cebolla.
2. Aliña con jugo de limón, aceite, sal y pimienta.
3. Mezcla bien y sirve fresca.

Chilaquiles Verdes

Ingredientes:

- Totopos de maíz (chips de tortilla)
- Salsa verde (tomatillo, chile, cebolla, ajo)
- Queso fresco desmoronado
- Crema
- Cebolla en rodajas
- Cilantro

Instrucciones:

1. Calienta la salsa verde.
2. Mezcla los totopos con la salsa para que se impregnen pero sin que se ablanden demasiado.
3. Sirve con queso, crema, cebolla y cilantro.

Tartaletas de Frutas

Ingredientes:

- Masa para tartaletas o base de galleta
- Crema pastelera o yogurt griego
- Frutas frescas variadas (kiwi, fresas, arándanos, mango)

Instrucciones:

1. Prehornea las tartaletas siguiendo instrucciones del paquete o receta.
2. Rellena con crema pastelera o yogurt.
3. Decora con frutas frescas y sirve.

Sopa Fría de Gazpacho

Ingredientes:

- 4 tomates maduros
- 1 pepino
- 1 pimiento verde
- 1 diente de ajo
- 2 cucharadas de vinagre
- 4 cucharadas de aceite de oliva
- Sal

Instrucciones:

1. Licúa todos los ingredientes hasta obtener una mezcla suave.
2. Refrigera por al menos 1 hora antes de servir.

Empanadas de Carne

Ingredientes:

- Masa para empanadas
- 300 g de carne molida
- 1 cebolla picada
- 1 diente de ajo picado
- 1 tomate picado
- Sal, pimienta y comino
- Aceite para freír o para hornear

Instrucciones:

1. Saltea cebolla y ajo en aceite, añade carne, tomate y condimentos. Cocina hasta que la carne esté lista.
2. Rellena discos de masa con la mezcla, cierra y sella los bordes.
3. Fríe en aceite caliente hasta dorar o hornea a 200 °C por 20 minutos.

Yogur con Granola y Miel

Ingredientes:

- 1 taza de yogur natural o griego
- ½ taza de granola
- 2 cucharadas de miel

Instrucciones:

1. Sirve el yogur en un bowl.
2. Añade la granola encima.
3. Rocía con miel al gusto y disfruta.

Tostadas con Aguacate y Huevo Poché
Ingredientes:

- 2 rebanadas de pan integral o de tu elección
- 1 aguacate maduro
- 2 huevos
- Sal y pimienta
- Vinagre (opcional para el huevo pochado)

Instrucciones:

1. Tuesta el pan.
2. Machaca el aguacate con sal y pimienta, unta sobre las tostadas.
3. Para los huevos pochados: Hierve agua con un poco de vinagre, rompe cada huevo en un recipiente y deslízalo suavemente al agua. Cocina 3-4 minutos y saca con espumadera.
4. Coloca los huevos pochados encima del aguacate y sirve.

Pan de Plátano Casero

Ingredientes:

- 3 plátanos maduros machacados
- 1 taza de harina
- ½ taza de azúcar
- 1 huevo
- ½ taza de mantequilla derretida
- 1 cucharadita de polvo para hornear
- ½ cucharadita de bicarbonato de sodio
- 1 pizca de sal

Instrucciones:

1. Precalienta el horno a 175 °C.
2. Mezcla plátanos, azúcar, huevo y mantequilla.
3. Añade harina, polvo para hornear, bicarbonato y sal. Mezcla hasta integrar.
4. Vierte en molde para pan engrasado.
5. Hornea 50-60 minutos o hasta que al insertar un palillo salga limpio.

Huevos al Horno con Verduras

Ingredientes:

- 4 huevos
- 1 taza de verduras mixtas picadas (pimiento, tomate, espinacas)
- Sal, pimienta y hierbas al gusto
- Aceite de oliva

Instrucciones:

1. Precalienta el horno a 180 °C.
2. En un molde pequeño, engrasa con aceite.
3. Coloca las verduras picadas y reparte los huevos encima.
4. Salpimienta y añade hierbas.
5. Hornea 12-15 minutos hasta que las claras estén firmes.

Batido de Mango y Coco

Ingredientes:

- 1 taza de mango maduro en trozos
- ½ taza de leche de coco
- ½ taza de yogur natural o leche normal
- 1 cucharadita de miel (opcional)
- Hielo al gusto

Instrucciones:

1. Licúa todos los ingredientes hasta obtener una mezcla suave.
2. Sirve frío.

Pizza de Desayuno con Huevo y Tocino

Ingredientes:

- Masa para pizza
- 4 huevos
- 100 g de tocino en tiras
- 100 g de queso rallado (mozzarella o cheddar)
- Salsa de tomate para pizza
- Sal y pimienta

Instrucciones:

1. Precalienta el horno a 220 °C.
2. Cocina el tocino en sartén hasta que esté crujiente.
3. Extiende la masa, cubre con salsa de tomate y queso rallado.
4. Coloca el tocino y rompe los huevos encima.
5. Hornea 10-15 minutos hasta que el huevo esté cocido a tu gusto.

Croquetas de Jamón

Ingredientes:

- 150 g de jamón picado
- 50 g de mantequilla
- 3 cucharadas de harina
- 1 taza de leche
- Sal y pimienta
- Pan rallado
- 2 huevos para rebozar
- Aceite para freír

Instrucciones:

1. Derrite mantequilla, añade harina y cocina 2 minutos.
2. Incorpora leche poco a poco, sin dejar de revolver hasta espesar.
3. Añade jamón, sal y pimienta. Deja enfriar.
4. Forma croquetas, pásalas por huevo y pan rallado.
5. Fríe en aceite caliente hasta dorar.

Ensalada Caprese

Ingredientes:

- Tomates en rodajas
- Mozzarella fresca en rodajas
- Hojas de albahaca fresca
- Aceite de oliva
- Sal y pimienta
- Reducción de balsámico (opcional)

Instrucciones:

1. Alterna rodajas de tomate y mozzarella en un plato.
2. Añade hojas de albahaca.
3. Salpimienta y rocía con aceite de oliva y reducción de balsámico si deseas.

Tortitas de Maíz con Queso Fresco

Ingredientes:

- 2 tazas de harina de maíz
- 1 taza de agua tibia
- Sal al gusto
- Queso fresco desmoronado

Instrucciones:

1. Mezcla harina, agua y sal hasta formar una masa suave.
2. Forma tortitas pequeñas y planas.
3. Cocina en sartén caliente hasta dorar ambos lados.
4. Sirve con queso fresco por encima.

Bizcocho de Limón

Ingredientes:

- 1 taza de harina
- 1 taza de azúcar
- 3 huevos
- ½ taza de mantequilla derretida
- Ralladura y jugo de 1 limón
- 1 cucharadita de polvo para hornear
- 1 pizca de sal

Instrucciones:

1. Precalienta el horno a 180 °C.
2. Bate huevos con azúcar hasta que blanqueen.
3. Añade mantequilla, jugo y ralladura de limón.
4. Incorpora harina, polvo de hornear y sal. Mezcla bien.
5. Vierte en molde engrasado y hornea 35-40 minutos.

Sándwich de Pavo y Queso Crema

Ingredientes:

- 2 rebanadas de pan integral o blanco
- 100 g de pechuga de pavo en lonchas
- 2 cucharadas de queso crema
- Hojas de lechuga
- Rodajas de tomate (opcional)
- Sal y pimienta al gusto

Instrucciones:

1. Unta el queso crema en ambas rebanadas de pan.
2. Coloca las lonchas de pavo, la lechuga y el tomate sobre una rebanada.
3. Salpimienta al gusto y cubre con la otra rebanada.
4. Corta por la mitad y sirve.

Omelette de Champiñones

Ingredientes:

- 3 huevos
- ½ taza de champiñones picados
- 2 cucharadas de cebolla picada
- Sal y pimienta
- 1 cucharada de aceite o mantequilla
- Queso rallado (opcional)

Instrucciones:

1. Calienta el aceite en una sartén y sofríe la cebolla y los champiñones hasta que estén tiernos.
2. Bate los huevos con sal y pimienta.
3. Vierte los huevos sobre las verduras en la sartén.
4. Cocina a fuego medio hasta que el huevo cuaje.
5. Si deseas, añade queso rallado antes de doblar el omelette. Sirve caliente.

Pancakes de Avena y Plátano

Ingredientes:

- 1 taza de avena molida o harina de avena
- 1 plátano maduro machacado
- 1 huevo
- ½ taza de leche (puede ser vegetal)
- 1 cucharadita de polvo para hornear
- 1 pizca de sal
- Miel o frutas para acompañar (opcional)

Instrucciones:

1. Mezcla el plátano, huevo y leche hasta integrar.
2. Añade la avena, polvo para hornear y sal. Mezcla bien.
3. Calienta una sartén antiadherente y vierte ¼ taza de mezcla por pancake.
4. Cocina hasta que se formen burbujas, da la vuelta y cocina 1-2 minutos más.
5. Sirve con miel o frutas frescas.

Rollitos de Salmón y Queso Crema

Ingredientes:

- 4 lonchas de salmón ahumado
- 100 g de queso crema
- Eneldo fresco picado (opcional)
- Rodajas finas de pepino (opcional)

Instrucciones:

1. Unta una capa delgada de queso crema sobre cada loncha de salmón.
2. Espolvorea un poco de eneldo si usas.
3. Coloca rodajas de pepino y enrolla cuidadosamente.
4. Sirve frío como aperitivo.

Frittata de Verduras

Ingredientes:

- 6 huevos
- 1 taza de verduras mixtas picadas (pimiento, cebolla, espinacas, tomate)
- Sal y pimienta
- 1 cucharada de aceite de oliva
- Queso rallado (opcional)

Instrucciones:

1. Precalienta el horno a 180 °C.
2. Saltea las verduras en aceite hasta que estén tiernas.
3. Bate los huevos con sal y pimienta.
4. Mezcla los huevos con las verduras y vierte en un molde para horno.
5. Espolvorea queso si deseas y hornea 20-25 minutos hasta que esté firme.

Pastelitos de Manzana

Ingredientes:

- 1 lámina de masa para hojaldre
- 2 manzanas peladas y picadas
- 3 cucharadas de azúcar
- 1 cucharadita de canela
- 1 huevo para barnizar

Instrucciones:

1. Mezcla manzana, azúcar y canela.
2. Corta la masa en cuadrados, coloca una porción de manzana en el centro.
3. Dobla la masa formando un triángulo y sella los bordes.
4. Barniza con huevo y hornea a 200 °C por 15-20 minutos hasta dorar.

Burritos de Desayuno
Ingredientes:

- 2 tortillas grandes de harina
- 3 huevos revueltos
- 100 g de frijoles refritos
- 50 g de queso rallado
- Salsa al gusto
- Aguacate y cilantro (opcional)

Instrucciones:

1. Calienta las tortillas.
2. Coloca los huevos revueltos, frijoles y queso en el centro.
3. Añade salsa, aguacate y cilantro si deseas.
4. Enrolla formando el burrito y sirve.

Ensalada César con Pollo

Ingredientes:

- Lechuga romana picada
- 150 g de pechuga de pollo cocida y en tiras
- Crutones
- Queso parmesano rallado
- Aderezo César

Instrucciones:

1. Mezcla la lechuga con el pol o, crutones y queso.
2. Añade aderezo César al gusto y mezcla bien.
3. Sirve fresca.

Panecillos con Mermelada
Ingredientes:

- Panecillos frescos (pueden ser comprados o caseros)
- Mermelada de tu elección

Instrucciones:

1. Corta los panecillos por la mitad.
2. Unta generosamente con mermelada.
3. Sirve como desayuno o merienda.

Huevos Rancheros

Ingredientes:

- 2 tortillas de maíz
- 2 huevos
- 1 taza de salsa ranchera (tomate, chile, cebolla, ajo)
- ½ taza de frijoles refritos
- Aceite para freír
- Sal y pimienta al gusto
- Cilantro fresco para decorar (opcional)

Instrucciones:

1. Calienta aceite en una sartén y fríe ligeramente las tortillas hasta que estén crujientes. Reserva.
2. En la misma sartén, fríe los huevos a tu gusto, salpimienta.
3. Calienta la salsa ranchera y los frijoles refritos.
4. Coloca una tortilla en el plato, unta frijoles, encima pon el huevo frito y baña con salsa ranchera.
5. Decora con cilantro y sirve caliente.

Tartas Saladas de Espinaca y Ricota

Ingredientes:

- 1 lámina de masa quebrada o para tartas
- 300 g de espinaca fresca
- 200 g de ricota
- 1 huevo
- 1 diente de ajo picado
- Sal y pimienta
- Queso rallado para gratinar (opcional)

Instrucciones:

1. Precalienta el horno a 180 °C.
2. Saltea el ajo con la espinaca hasta que esté tierna y suelte el agua, escurre bien.
3. Mezcla la espinaca con la ricota y el huevo, salpimienta.
4. Forra moldes individuales con la masa, rellena con la mezcla.
5. Espolvorea queso si deseas y hornea 20-25 minutos hasta dorar.

Smoothie Verde Detox

Ingredientes:

- 1 taza de espinaca fresca
- 1 manzana verde, sin corazón y picada
- 1 plátano maduro
- 1 taza de agua de coco o agua natural
- Jugo de ½ limón
- Hielo al gusto

Instrucciones:

1. Coloca todos los ingredientes en la licuadora.
2. Licúa hasta obtener una mezcla homogénea.
3. Sirve frío.

Scones con Mantequilla y Mermelada

Ingredientes:

- 2 tazas de harina de trigo
- 1 cucharada de polvo para hornear
- ¼ taza de azúcar
- ½ taza de mantequilla fría, en cubos
- ¾ taza de leche o crema
- 1 huevo (opcional para barnizar)
- Mantequilla y mermelada para acompañar

Instrucciones:

1. Precalienta el horno a 200 °C.
2. Mezcla harina, polvo para hornear y azúcar.
3. Agrega la mantequilla y mezcla con las manos hasta obtener una textura arenosa.
4. Añade la leche y mezcla hasta formar una masa.
5. Extiende la masa sobre una superficie enharinada y corta en triángulos o círculos.
6. Coloca en una bandeja, barniza con huevo si quieres y hornea 15-20 minutos hasta dorar.
7. Sirve tibios con mantequilla y mermelada.

Sándwich de Huevo y Aguacate
 Ingredientes:

- 2 rebanadas de pan integral o blanco
- 2 huevos
- ½ aguacate maduro
- Sal y pimienta
- Unas hojas de lechuga (opcional)

Instrucciones:

1. Cocina los huevos al gusto (revueltos, fritos o pochados).
2. Machaca el aguacate y salpimienta.
3. Unta el aguacate sobre una rebanada de pan.
4. Coloca los huevos y la lechuga encima.
5. Cubre con la otra rebanada y sirve.

Tarta de Queso con Frutos Rojos

Ingredientes:

- 200 g de galletas (digestivas o de tu preferencia)
- 100 g de mantequilla derretida
- 500 g de queso crema
- 200 g de azúcar
- 3 huevos
- 200 ml de crema para batir
- 1 cucharadita de esencia de vainilla
- 200 g de frutos rojos frescos o congelados

Instrucciones:

1. Tritura las galletas y mezcla con la mantequilla. Presiona la mezcla en la base de un molde desmontable.
2. Precalienta el horno a 180 °C.
3. Bate el queso crema con el azúcar hasta que esté cremoso. Añade los huevos uno a uno.
4. Incorpora la crema y la vainilla, mezcla bien.
5. Vierte la mezcla sobre la base de galleta.
6. Hornea 45-50 minutos o hasta que cuaje.
7. Deja enfriar y decora con frutos rojos antes de servir.

Bagels con Huevo y Tocino

Ingredientes:

- 2 bagels partidos por la mitad
- 2 huevos
- 4 tiras de tocino
- Queso cheddar en lonchas (opcional)
- Sal y pimienta
- Mantequilla o aceite para cocinar

Instrucciones:

1. Cocina el tocino en una sartén hasta que esté crujiente. Reserva sobre papel absorbente.
2. En la misma sartén, cocina los huevos al gusto (fritos o revueltos), salpimienta.
3. Tuesta los bagels y úntalos con mantequilla si deseas.
4. Arma el bagel colocando huevo, tocino y queso si usas.
5. Sirve caliente.

Ensalada de Frutas Tropicales

Ingredientes:

- 1 taza de piña picada
- 1 mango en cubos
- 1 kiwi pelado y picado
- 1 taza de papaya en cubos
- Jugo de 1 lima o limón
- Hojas de menta para decorar (opcional)

Instrucciones:

1. Mezcla todas las frutas en un bol grande.
2. Añade el jugo de lima y mezcla suavemente.
3. Decora con hojas de menta y sirve fresca.

Tostadas de Ricotta y Miel
Ingredientes:

- 2 rebanadas de pan (integral o blanco)
- ½ taza de queso ricotta
- Miel al gusto
- Nueces picadas (opcional)

Instrucciones:

1. Tuesta las rebanadas de pan.
2. Unta el queso ricotta sobre las tostadas calientes.
3. Rocía miel por encima y espolvorea nueces si deseas.
4. Sirve inmediatamente.

Tortilla de Patatas con Chorizo

Ingredientes:

- 4 patatas medianas, peladas y cortadas en rodajas finas
- 1 cebolla picada
- 150 g de chorizo en rodajas
- 6 huevos
- Sal y pimienta
- Aceite de oliva para freír

Instrucciones:

1. Fríe las patatas y la cebolla en abundante aceite hasta que estén tiernas. Escurre.
2. En otra sartén, cocina el chorizo hasta que suelte su grasa. Reserva.
3. Bate los huevos, salpimienta y mezcla con las patatas, cebolla y chorizo.
4. Vierte la mezcla en una sartén con un poco de aceite y cocina a fuego medio-bajo, dando vuelta con cuidado para cocinar ambos lados.
5. Cocina hasta que esté dorada y firme. Sirve caliente.

Crepes Salados de Jamón y Queso

Ingredientes:

- 1 taza de harina
- 2 huevos
- 1 taza de leche
- 1 pizca de sal
- Mantequilla para la sartén
- Jamón en lonchas
- Queso rallado o en lonchas

Instrucciones:

1. Mezcla harina, huevos, leche y sal hasta obtener una masa líquida y sin grumos.
2. Calienta una sartén con un poco de mantequilla. Vierte un poco de masa formando un círculo delgado. Cocina hasta que los bordes se despeguen, voltea y cocina 1 minuto más.
3. Rellena con jamón y queso, dobla el crepe y calienta hasta que el queso se derrita.
4. Sirve caliente.

Muffins de Arándanos

Ingredientes:

- 2 tazas de harina
- 1 taza de azúcar
- 1 cucharada de polvo para hornear
- ½ cucharadita de sal
- 1 huevo
- 1 taza de leche
- ½ taza de aceite vegetal
- 1 taza de arándanos frescos o congelados

Instrucciones:

1. Precalienta el horno a 180 °C y prepara un molde para muffins con capacillos.
2. Mezcla harina, azúcar, polvo para hornear y sal.
3. En otro bol, bate huevo, leche y aceite.
4. Combina las mezclas sin batir demasiado, agrega los arándanos y mezcla suavemente.
5. Llena los moldes ¾ partes y hornea 20-25 minutos hasta que al insertar un palillo salga limpio.
6. Deja enfriar y disfruta.